ゾーンに入るための
メンタルトレーニング

スポーツメンタルトレーニング 名誉指導士
日本メンタルトレーニング・応用スポーツ心理学研究会 代表
高妻容一 著

**スポーツで
最高のパフォーマンスを
発揮する**

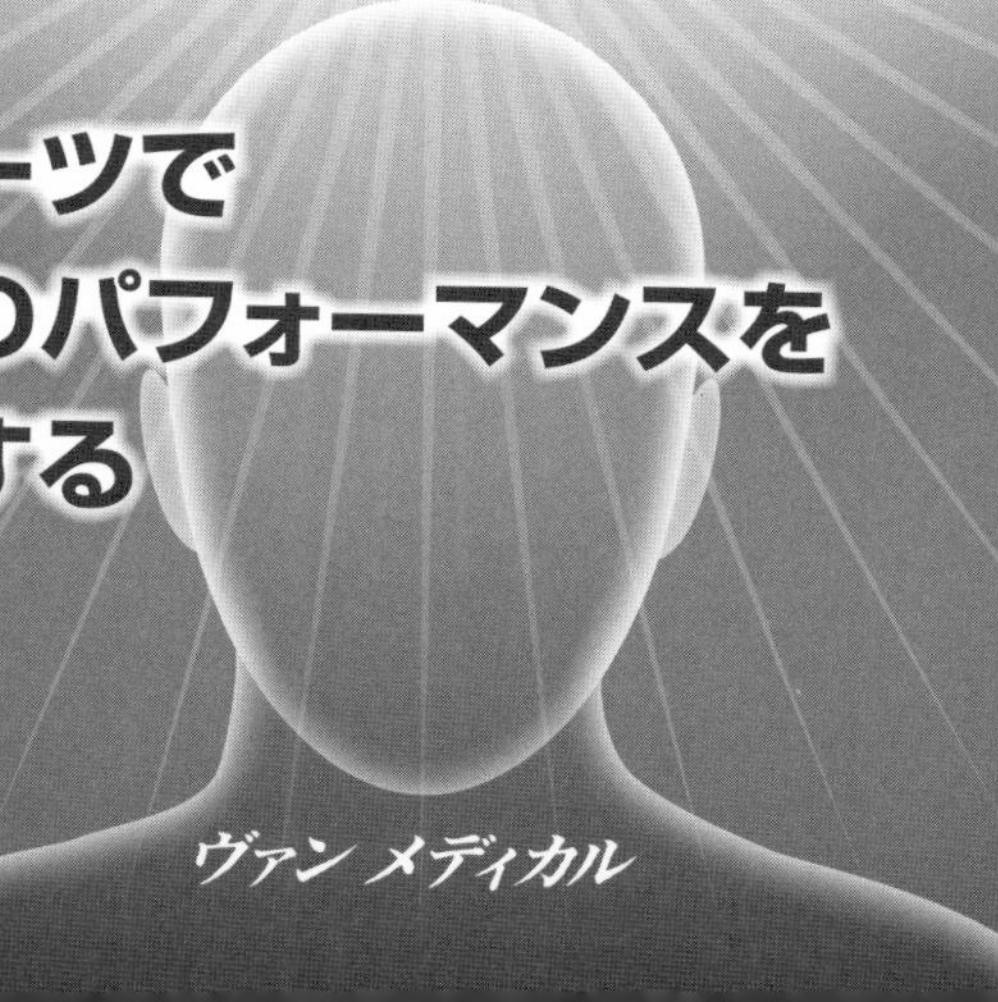

ヴァン メディカル

はじめに

スポーツ選手は、大切な試合や大舞台で活躍できる選手とプレッシャーに押しつぶされて力を発揮できない選手がいます。あなたは、どちらのタイプでしょうか？ 世界のスポーツ界では、六〇年以上前から、オリンピックにおいて力を発揮できる選手とできない選手について多くの研究が行われてきました。またオリンピックでメダルを獲得するには、何をどうすればいいのかという課題に、世界各国が取り組んできました。

筆者は、四〇数年前に、オリンピックにおいて、アメリカは常に一〇〇個以上のメダルを取るのに対し、日本は二〇個ぐらいしかメダルを取れないことについて「なぜか？」という疑問を持ち、アメリカに留学し、三回の長期留学を含めて合計一〇年以上の滞在、合計一〇〇回以上のアメリカ訪問をしました。そして世界延べ五〇カ国以上を訪れ研修をしてきました。

スポーツは、心技体という言葉が示すように、心技体のバランスが重要であることは読者のみなさんも理解していると思います。しかし、この六〇年、日本のスポーツ界では、「技」と「体」の練習には時間をかけてやるのに、「心（心理・精神・メンタル面）」に関しては、強化・準備・トレーニングが実施されてきませんでした。一方、海外では、オリンピックレベルだけでなくプロやアマチュアレベルでもメンタル面を強化するメンタルトレーニングが行われていたのです。日本にメンタルトレーニングが導入されたのは、一九八五年だと報告されています。実はこの段階で、スポーツ先進国から三〇年遅れていました。今でも日本のスポーツ界では、技と体の練習が中心に行われ、心のトレーニングであるメンタルトレーニングを実施しているチームは少ない現状があります。二〇二一年現在、日本のプロチームで専属のコーチやトレーニングコーチやトレーナーはいるのに、資格を持った専門家であるメンタルトレーニングコーチを専属で雇っているところは皆無です。

二〇二一年十二月吉日

スポーツメンタルトレーニング　名誉指導士

日本メンタルトレーニング・応用スポーツ心理学研究会　代表

高妻容一

目次

はじめに　3
ゾーンとはどういう状態か？　8
メンタルトレーニングとゾーン　13
メンタルトレーニングとは？　14
ゾーンに入るには？　17
セルフコントロールとは？　18
姿勢　19
呼吸　21
音楽　23
リラクセーションとは？　26
リラクセーションの方法・トレーニング　29

サイキングアップとその方法……47
理想的な心理状態……52
理想的な心理状態の見つけ方……54
試合前・試合中の集中力の高め方、集中力のトレーニング……58
集中力を高める方法1……62
集中力を高める方法2……65
集中力を高める方法3……68
集中力を高める方法4……69
集中力を高める方法5……71
おわりに……73
参考文献……76
著者略歴……78

ゾーンとはどういう状態か？

読者のみなさんは、「ゾーン」という言葉をご存知ですか？　このゾーンとは、スポーツ選手が素晴らしいパフォーマンスを発揮する時の「理想的な心理状態」「フロー」「火事場の馬鹿《ばか》力」「理想的なパフォーマンス状態」のことです。ここでは、どうすればこのゾーンという理想的な心理状態に入れるのかを紹介します。

最近は、このゾーンという言葉もスポーツ界に定着しましたが、言葉は知っていても、ゾーンに入るのは、偶然やまぐれ（たまたま）だと考えている人が多いと思います。しかし、スポーツ心理学では、このゾーンに関する研究が多く実施され、ひとつの理論が確立されています。簡単に言えば、**緊張しすぎていないし、リラックスしすぎていない状態で最高のプレーができる状態**、つまり**理想的・最高の心理状態（気持ち・考え・イメージなど）**だと考えてください。

具体的には、「プレー中にイメージする時は、成功イメージ（自分のベストプレーのイメージなど）ができている。試合中のスコアやタイム、試合結果を考えない、自分のやるべきことに意識を集中している。プレー中（試合中）には、フォームや身体の動きについて、悩み、考えすぎていないこと」です。練習では、考えすぎるぐらい考え、試合では何も考えずに自信を持ってプレーをすることで、適度な集中力が高まり、最高のプレーができる状態が究極の集中状態「ゾーン」であるといわれています。

ゾーンに入ると、何かを判断・決断・予測し、選択が必要な時、迷いのない選択ができるのです。また、ミスをしたらそれを受け止め、次のプレーに集中できるのです。試合中は、過去を忘れることも重要です。フォームや技術を気にする人は、きれいなフォーム、正しいフォームでやることが目的ではなく、試合で勝つことが目的です。フォームや技術だけで試合をしているわけではないことを理解することが必要です。「ミスを恐れる？」「なぜ？」スポーツのミスはあたりまえ、ミスをどう次へつなげるかが重要です。もし、スランプであれば、スランプこそが、次の段階へ進むための準備段階なので、悩み・考え・反省・人に聞く・勉強をすることで、今までのやり方に何かを加える時期が来たと考えるのです。スランプをきっかけに、今こそ、古い自分の殻を破り、新しい自分へと変身をする時だと考えましょう。

自信のない、悩んだいいプレーより、自信のある悩みのない悪いプレーの方がいい結果を生むことも多いのです（つまり、ある角度からは間違っているが、思い切りのいいプレーなど）。完璧主義（自分を批判しすぎ・反省しすぎ・完全を求める）の選手は、トラブルが多いと言われています。今の自分のレベルを考えるより、自分がどこまで行きたいかの方が大切です。一流選手は、何か起きた時の対処がうまい（気持ちの切り替えやその対処法がうまい）と言われています。つまり、「ゾーン」とは、日本語では無心、英語ではマインドフルネスの状態の時に入れることが多いといわれています。

メンタルトレーニングとゾーン

メンタルトレーニングとは？

メンタルトレーニングとは、ずばり、ゾーンに入るための準備であり、メンタル面強化のトレーニングです。スポーツでは、心技体という言葉が使われ、この心技体がバランスのよい時に素晴らしいプレーができますし、試合で勝つ可能性が高いはずです。ここで紹介するゾーンは、心技体のバランスの取れた状態であるとも言えます。

日本のスポーツ界では、技（技術・戦術・作戦）や体（体力・栄養・筋肉・コンディショニング）の準備や強化は、伝統的に行われていましたが、メンタル面に関しては、選手任せ・選手の責任・才能・素質などと考えられてきました。簡単に言えば、監督やコーチが専門外のため指導することができなかったのです。そのため、指導したとしても自分の経験や感覚的なことであったようです。たとえば、自分が現役の時に、追い込まれた（きつい・苦しい・厳しい）練習をして自分のメンタル面が強くなったと感じた監督やコーチは、俺ができたのだから、お前らもできるという勘違いをしたと考えられます。実際は、追い込まれる環境で、それをポジティブに考え、「なにくそ・やってやる・監督は何か意図があってやっている」などと考えた選手はメンタル面が強化されたと考えられます。一方、ネガティブに「何でこんなことやるの・意味わかんない」などと考えて「やらされた」選手は、メンタル面が強くなるどころか弱くなったと考えられます。

メンタルトレーニングとは、専門用語では「心理的スキルトレーニング」と言われ、スポーツ心理学の研究で実証された「心理的スキル」をトレーニングするのです。心理的スキルとは、

①目標設定（やる気を高めるプログラム）
②リラクセーションとサイキングアップ（セルフコントロール能力を高めるプログラム）
③イメージ（イメージを使ったトレーニングで試合で勝つための準備をするプログラム）
④集中（集中力を高めるプログラム）
⑤セルフトーク（気持ちを切り替えたり自信を高めるプログラム）
⑥プラス思考（ポジティブにするためのプログラム（人間関係を良くし、チームワークを高めるプログラム））
⑦試合に対する心理的準備（徹底して勝つための準備をするプログラム）

を毎日の練習や生活の中で、コツコツと積み上げてトレーニングをすることが心理的スキルトレーニングであり、つまりメンタルトレーニングなのです。

ゾーンに入るには？

ずばり、メンタルトレーニングの目的がゾーンに入ることですし、ゾーンに入るためのプログラムである心理的スキルをトレーニングするのです。本書でこれから紹介する「リラクセーション」「サイキングアップ」を毎日、コツコツと実践し、理想的な心理状態を見つけ、心理的スキルを身に着け、それを洗練することで、いつでもどこでもゾーンに入ることができるようにするということが目的です。

セルフコントロールとは?

セルフコントロールとは、自分の「気持ち」「心理状態」をうまくコントロール（調整）することで、言い換えれば、プレッシャーがある環境でも「平常心」「いつもどおり」「自信や余裕のある状態」「プラス思考の状態」にすることです。

一方、セルフコントロールができていない時は、頭の中で、「不安」「心配」「迷い」「悩み」「いらないことをグジャグジャと考え」「マイナス思考」「自信のない状態」です。あなたはどちらのほうが良いと思いますか？ もちろん、セルフコントロールができている状態が良いのですが、ほとんどの選手が偶然やまぐれでしか経験していません。それをメンタルトレーニングで強化・準備して、常にセルフコントロールができるようにするのです。

姿勢

セルフコントロールをするには、口（言葉）で「落ち着け」「平常心だ」「いつもどおりやれ」と言われてもその方法を知らなくてはどうすることもできません。そこでメンタルトレーニングでは、姿勢や態度をコントロールして気持ちをコントロールする方法を実施します。

それでは、実技を体験してみましょう。まず、下を見て三〇秒、どんな気持ちになりますか？そこで突然、胸を張り、上を向いて三〇秒、どんな気持ちになりますか？たぶん気持ちが変わり、ポジティブな気持ちになるはずです。スポーツ選手は、試合中に自信を無くし、頭の中でごちゃごちゃと考え、邪念・雑念・悩み・不安・迷いが出てマイナス思考になると下を向く傾向があります。一方、自信があり、プラス思考で、強気・やる気・気持ちがのっている時は、胸を張り、やや上を向く傾向があります。そこで、普段から自信がある姿勢や態度をとる、自信があるふりをするトレーニングをやるのです。ただし、これを身に着けるまでにはコツコツと毎日の練習や生活の中で強化・準備・トレーニングをする必要があります。

呼吸

呼吸は、セルフコントロールをするうえで最も重要なテクニックです。いくつかの実験をここでやってみましょう。いきなり、三分間息を止めてくださいと言われたら、下手をすると死んでしまう人も出るかもしれませんよね？人間は生まれて死ぬまで休むことなく呼吸をします。息を止め続けるとは、その人にとって非常にヤバイ状態を引き起こします。つまり、それくらい呼吸は重要なのです。

次に、あなたがあわてている時、平常心ではない時、試合で自信を無くし、頭の中がぐちゃぐちゃ（不安・心配・悩み）になっている時、あなたはどのような呼吸をしていますか？　一方、自信があり、落ち着いて、平常心で、集中し、素晴らしいプレーをしている時は、どのような呼吸をしていますか？　自己分析をしてください。そうすれば、あなたの気持ちの状態で呼吸も違うことに気づくと思います。

このように考えると、あなたがいつでもどこでも、自信があるプラス思考で落ち着いた状態にセルフコントロールができれば、あなたの素晴らしいプレー、つまりゾーンに入るような理想的な心理状態になれると考えられませんか？　研究では、息を吸う時には交感神経が働き、息を吐く時には副交感神経が働くといわれています。つまり息を吐くことで副交感神経を働かせると気持ちが落ち着くとも言われています。そこで、メンタルトレーニングでは呼吸法のプログラムを作り、毎日の練習前に、準備・強化・トレーニングとして実施します。その方法は、「リラクセーションの方法・トレーニング」項（三二〜三八頁）にイラストで紹介します。

音楽

あなたは、どんな時にどんな音楽を聴きますか？　落ち込んだ時は、どんな曲を聴きますか？　また気持ちがのっている時や楽しい時は、どんな曲を聴きますか？　たぶん、無意識でその気持ちの状態や状況で音楽を選んでいるのではないでしょうか？　最近は、プロ野球で打席に立つ時には、本人が選んだ好きな曲を流して、心の準備をしているシーンをよく見かけるはずです。これもスポーツ界での音楽の応用ですよね？

筆者がメンタルトレーニングを指導するチームには、ウォーミングアップで音楽をかけ呼吸を一定にして身体だけでなく心のウォーミングアップもやってもらいます。たとえば、試合の時、こんな場面では、この曲、こういう場面ではこの曲と使い分けるのです。これは条件付け（パブロフの犬：ある音を聞かせ食事の時間とし、その音を聞くといつの間にか犬が食事の時間だと気づく）をして、気持ちをのせたい時はこの曲、気持ちを切り替えたい時はこの曲などと音楽で気持ちが切り替わるようにする方法です。同時に、音楽で呼吸も変わります。ノリのいい曲は、テンポが速いはずですし、落ち着きたい時はクラシック音楽のような静かな曲だと呼吸がゆっくりになり、セルフコントロールができるのです。またロッキーの映画を見て、ロッキーの曲を聴くと、その映画のシーンが思い出され、一種のイメージトレーニングができたりします。高校野球だと「栄冠は君に輝く」という曲を聞けば夏の甲子園大会を思い出すし、

「栄光の架橋」や「Hero」という曲を聞けばオリンピックを思い出すし、サッカー選手は試合の入場曲を聞けば、試合が始まるというモチベーションが高まるはずです。

そこで、あなたがいつどこでどんな曲を聞けば、心の準備ができるという条件付け・トレーニングをするのです。いかがですか？ さらにチームで同じ曲を聞けば、みんなの気持ちがひとつになる（全員の呼吸が同じになる）チームワークを高める効果もあります。また、自分の好きな曲・いつも聞いている曲を流せば、呼吸がいつも通りになり、心も安定することになります。音楽もちゃんとした使い方をすれば、心のエネルギーにもなるのです。

リラクセーションとは?

簡単に言えば、リラックスして、平常心を保つ方法、または平常心に戻す方法でもあります。多くのスポーツ選手は、重要な試合になるとプレッシャーを感じ、呼吸が速く浅くなり、筋肉の微妙な動きをコントロールできなくなります。これが緊張して実力を発揮できなかったとか、いつものプレーができなかったということになります。最近は、世界中のアスリートたちが「マインドフルネス」という言葉を使い、頭の中をシンプル（からっぽ・無心）にして、平常心を保ち自分の実力を発揮するための「マインドフルネストレーニング」を盛んに行っています。たとえば、アメリカオリンピックトレーニングセンターでは、スポーツ心理学・メンタルトレーニングの専門家が「マインドフルネストレーニング」をオリンピック選手たちに指導・サポートしています。

専門的に言えば、リラックスし過ぎてもだめだし、緊張しすぎてもだめです。

そこで、理想的な心理状態であるゾーンに入るためのひとつの方法として、ここで紹介するリラクセーションを行います。このリラクセーションは、マインドフルネスのトレーニングとほぼ同じです。次にその方法を実技で紹介しますので、毎日の練習前や毎日の生活の中に取り入れ、強化・準備・トレーニングとして実施してみましょう。

リラクセーションの方法・トレーニング

ここでは、リラクセーションの方法（トレーニング）を紹介しましょう。

〔一〕

音楽療法などで使用される静かな音楽をかけ呼吸をゆっくりとさせます。ここで使う音楽は、f分の一ゆらぎと言われる人間が心地よく感じるリズムの音楽で、ＣＤ屋さんに行けば置いてあると思います。無ければ、クラシック（名曲と言われる曲には、f分の一ゆらぎのリズムが含まれている）などでもよいと思います。

〔二〕

ここからパートナーを見つけ、相手の顔を見て笑う、そして相手の良いところを互いに褒めあい「ありがとう」と言うことで頭の中をポジティブにします。

人間、人を褒める時はポジティブですし、笑顔で「ありがとう」といえばポジティブになれます。

〔三〕

姿勢のトレーニング（ヘッズアップ）で、胸を張り、上を向いてスマイルすることで頭の中をポジティブにし、目の周り、顔のマッサージ（緊張すると目の周りや顔が変化するので、顔の緊張をほぐすトレーニング）をします。

〔四〕

できるだけ大きな声を出し、大きくあくびをします。これをやると気持ちがすっきりして、気持ちの切り替えができます。気持ちの切り替えとは、ネガティブ（マイナス思考）からポジティブ（プラス思考）にすることです。これを毎日何回もトレーニングとしてやり、気持ちの切り替えのテクニックとして身につけましょう。

〔五〕

次は呼吸法です。

①まず口から息を強く吐きながら、手のひらでおなかの位置から下に押すようにし、肺の中の空気を押し出すようにします。

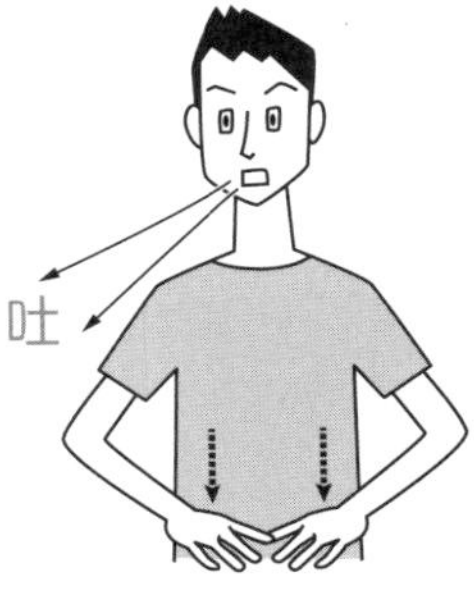

②自然に鼻から息を吸いながら、手のひらを上に向けて胸まで上げます。

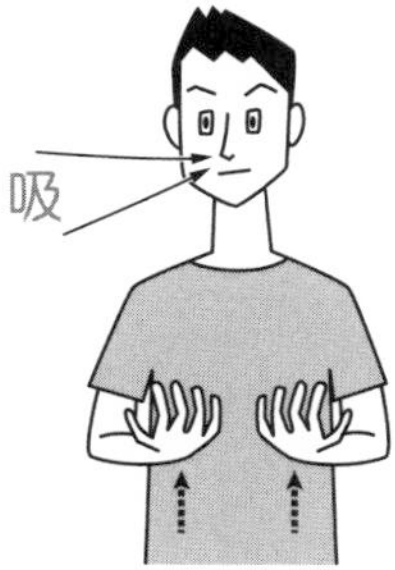

③手のひらを下にして、強く八秒で口をつぼめて口から強く音を出すようにして手を下まで押すようにします。

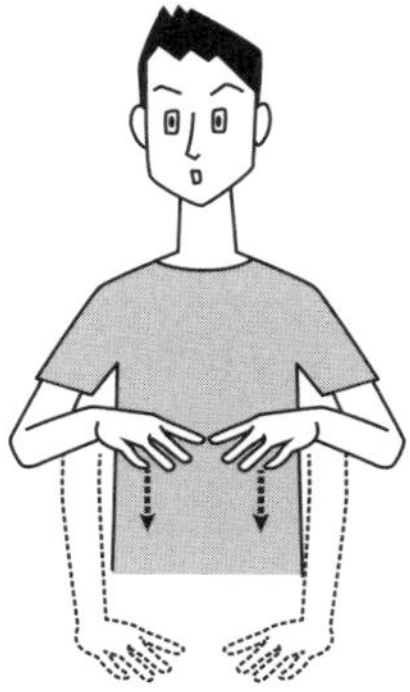

これを三回行います。

息を吸う時は、交感神経という緊張系の神経が働き、息を吐く時には副交感神経というリラックス系の神経が働くと言われています。つまり、吐く息を意識して呼吸法でリラックスへもっていくのです。

同じ呼吸で、

④手を横に大きく開き五秒で息を吸います。

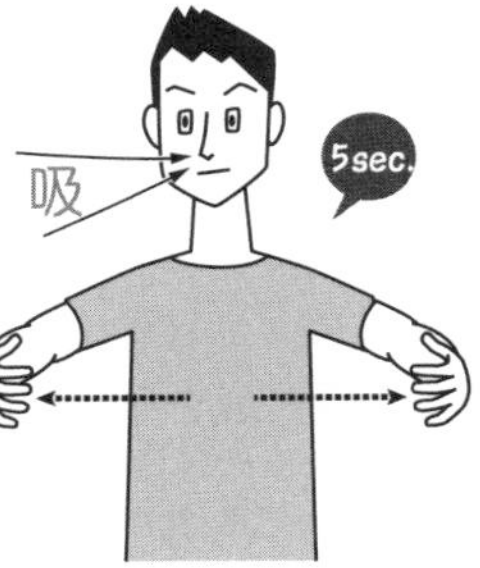

⑤８秒で息を吐きながら胸の前に持ってきます。
この動作を三回行います。

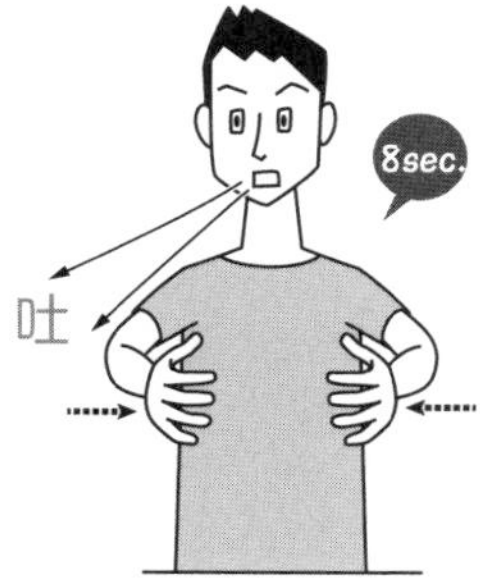

⑥一度手を下げ、両手を伸ばして胸の前に五秒で吸います。

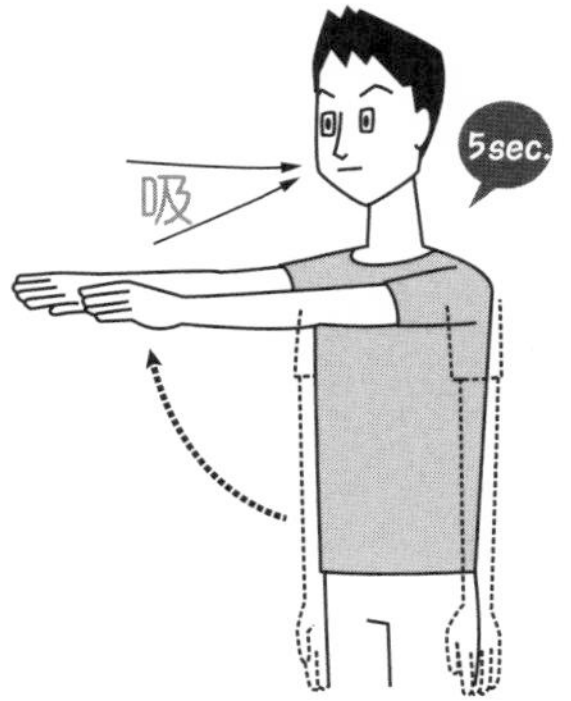

⑦八秒で下におろす動作を二回行います。

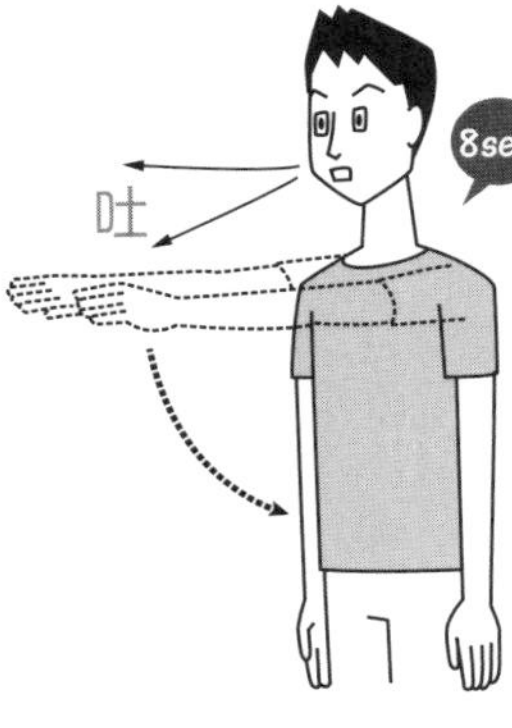

⑧同じ動作で五秒息を吸い両手を胸の前に上げます。

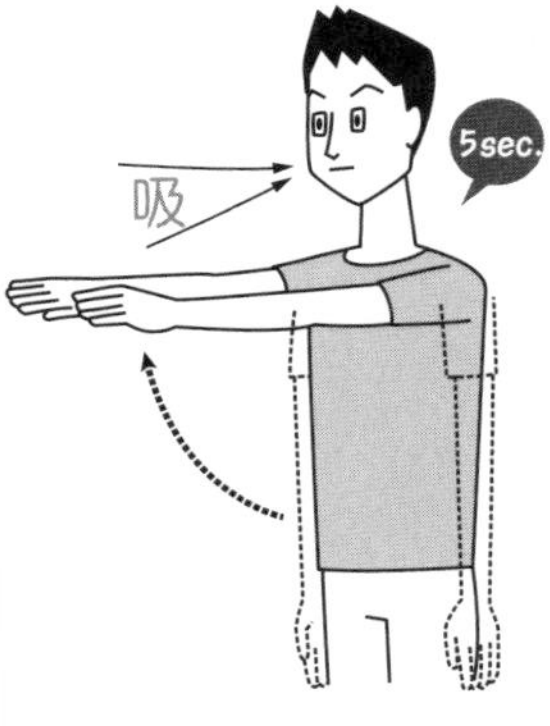

⑨息を五秒止め、手の動きも止めます。

⑩八秒で息を吐きながら両手を下ろす動作を二回行います。

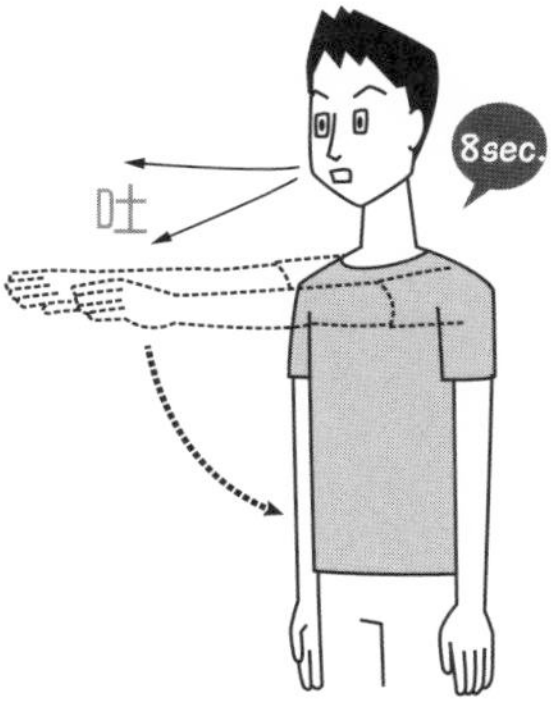

⑪両肩を五秒で上げ、五秒息を止め、両肩を上げたまま肩の筋肉が緊張しているのを感じます。

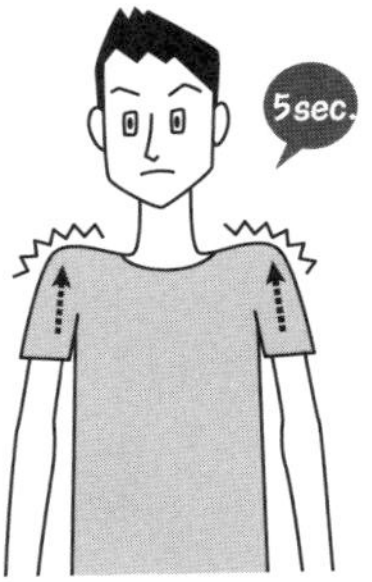

⑫口から八秒で息を吐きながら両肩をリラックスします。

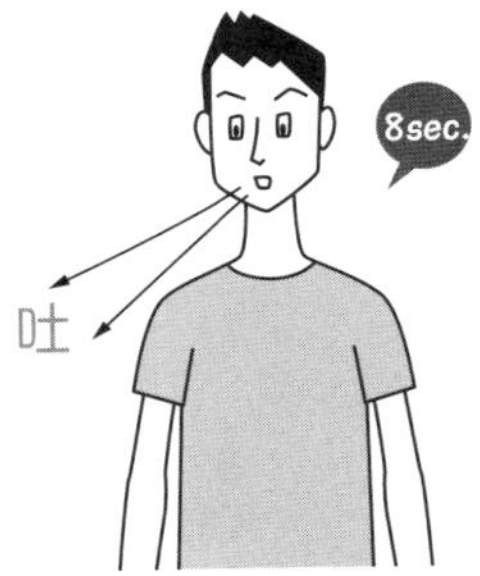

〔六〕

続いて、肩の筋肉（の緊張とリラックス）を感じるトレーニングです。

①手を上にあげ頭の上で手を組み、五秒息を吸って、五秒止め肩の筋肉の緊張を感じ、八秒で唇をとがらせ「フー」と八秒音を出しながら吐きます。

②同じ呼吸で、手を上から真横にして、両手をひねって五秒で息を吸い。五秒息を止めて肩の筋肉が緊張しているのを感じ、八秒で息を吐いて肩の筋肉がリラックスしているのを感じます。

③手を逆にひねり、同じようにします。

④そして五秒息を吸いながら肩が痛いぐらい手を後ろのほうにして、両手をひねり、五秒息を止めて肩の緊張を感じ、八秒で息を吐きながら肩のリラックスを感じます。

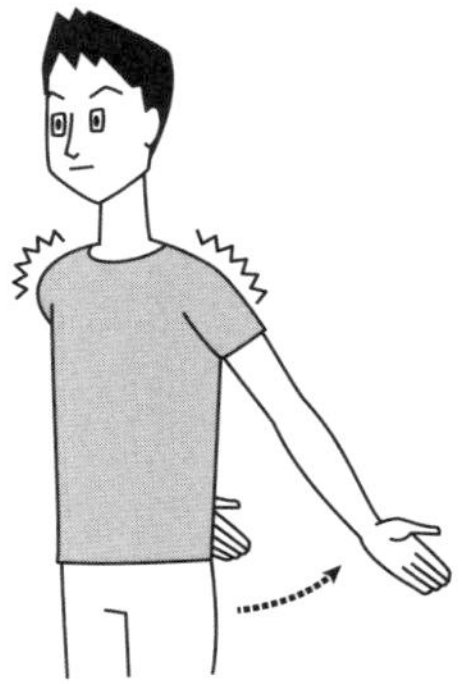

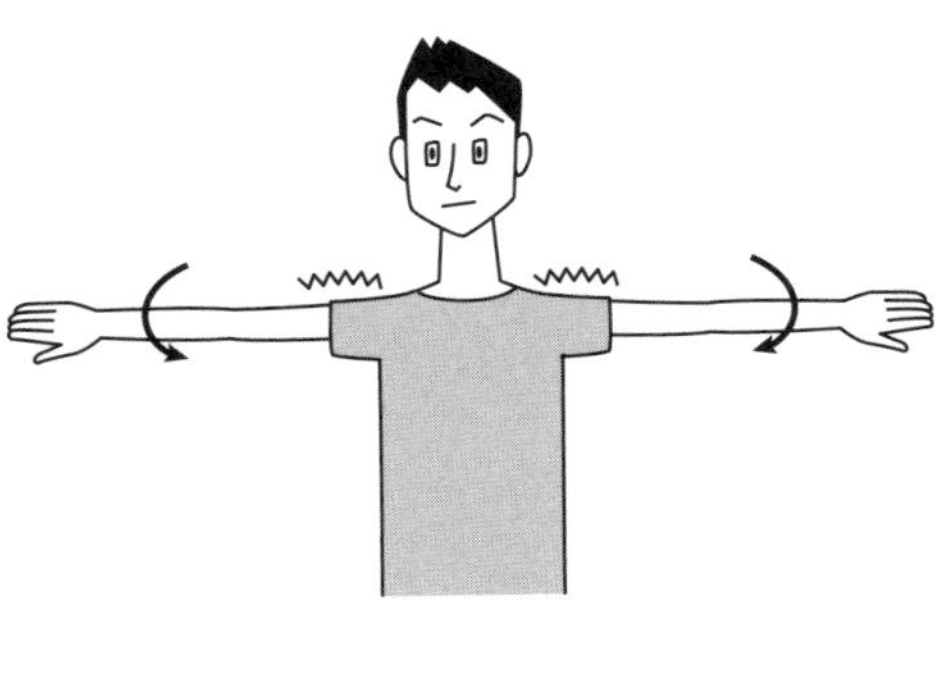

⑤そして両手をひねり、同じ呼吸動作を行います。

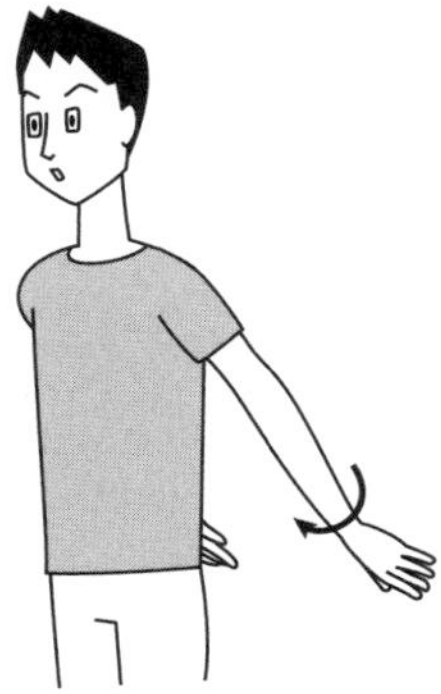

⑥五秒で息を吸いながら両肩を上にあげて、息を五秒止めて肩の筋肉が緊張しているのを感じ、八秒で息を吐きながら肩・全身がリラックスしているのを感じます。

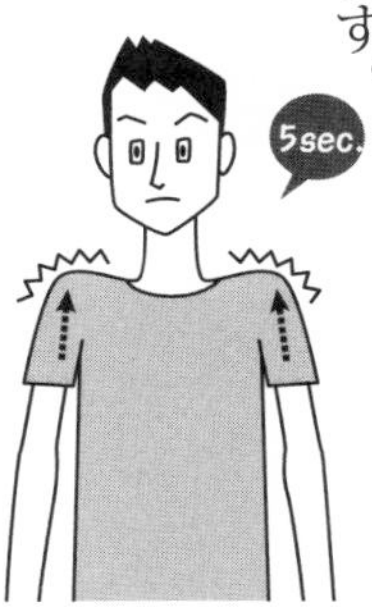

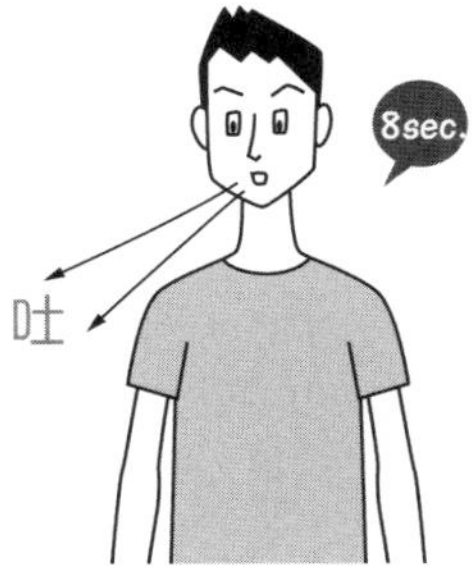

〔七〕

ここからは、**漸進的筋弛緩法**《ぜんしんてききんしかんほう》**（プログレッシブ・リラクセーションテクニック）**というプログラムを実施します。

①立ったままの姿勢で右手を握りしめながら五秒で息を吸い、五秒息を止めて右手・肩の緊張を感じ、八秒で口から息を吐きながら手・肩のリラックスを感じます。

②左手・両手を同じようにやります。

③五秒で息を吸いながら右足のつま先を伸ばし、五秒息をとめてつま先を伸ばし、八秒で息を「フー」と音を出しながら強く吐きリラックスし、同じ

ように左足をやります。

④五秒で息を吸いながら右足のかかとを押し、五秒息をとめてかかとを押し続け、八秒で息を「フー」と音を出しながら強く吐きリラックスし、同じように左足をやります。

⑤五秒で息を吸いながら両足を内側に向けて内またの形になり、五秒止めて下半身に力を入れ、特におしりをぎゅっとしめ、八秒で息を吐きながらリラックスします。

⑥五秒で息を吸いながら目だけ上を向き、息を止めて上を向き続け額《ひたい》にしわを作るようにして、八秒で息を吐きながらリラックスします。

⑦五秒で息を吸いながら、力いっぱい目を閉じて五秒目を閉じ目に力を入れ続け、八秒で息を吐きながらリラックスします。

⑧五秒で息を吸いながら唇をとがらせ唇に力を入れ（キスをするように）、五秒息を止め唇に力を入れ続け、もしパートナーがいれば、相手の顔を見てスマイル（変顔を見て笑う）、八秒で息を吐きながらリラックスします。

⑨息を吸いながら、顎《あご》に力を入れ、歯をくいしばり、五秒息を止めて歯を食いしばった状態をキープし、パートナーの顔を見てスマイル、笑ったと同時に息を吐きリラックスします。

⑩五秒で息を吸いながら身体全身に力を入れ（両手を握りしめ・おしりを絞

めて・身体全身が震えるほど力を入れ）ます。力を入れたまま五秒息を止め、八秒で身体全身の力を抜いてリラックスします。

〔八〕

今度は、フロアに寝て、漸進的筋弛緩法を実施します。立ったままで実施した①～⑩までのプログラムを寝て行います。

ここで紹介したリラクセーションの方法を毎日練習前に実施することが「リラクセーションのトレーニング」になります。このリラクセーションは、「心のストレッチ」とか「マインドフルネストレーニング」とも言います。ぜひ、練習や試合前の心の準備体操と位置づけ、毎日実施してください。初心者は、寝て行い、セルフコントロールができるようになれば、座ってやったり、立ってやったり、プレー中にもできるようにしましょう。結局、試合で使えるようになるまでの繰り返しのトレーニングが必要です。

サイキングアップとその方法

サイキングアップとは、簡単に言えば、「心のウォーミングアップ」です。必ず、リラクセーションをやり、その後に行い、リラクセーションとサイキングアップがひとつのパッケージとして考えてください。これは、一人でもできますが、可能ならば、パートナーを見つけて行います。

①軽快な音楽をかけて、その音楽にリズムを合わせて、手をたたき・呼吸を早く強くして・ジャンプし・前後ステップ・サイドステップ・腰を振る動作をします。心拍数を上げるのが目的です。

②約一〇秒前後パートナーと互いにボクシングごっこ（シャドーボクシング）をします。

③次に片一方が手を開き、そこにボクシングのパンチを一〇秒ほど軽く打ちます↓交代してパートナーがパンチを打ちます↓また交代して同じようにパンチを打ち、パンチを受けている人が相手の顔をたたくような動作をして、パンチを打っている人はパンチを頭を下げてよけます↓交代して同じことをやります。

④今度は互いに相手の肩をタッチするゲームです。相手の肩にタッチしようとして、よけ合います。一〇秒程度行い心拍数を一二〇前後まで上げます。集中して楽しくやりましょう。このゲームは、フットワークを使いながら相手の動きを見て、気持ちを読み取る目的で行います。

⑤右足と右手を前に出し、最初互いに手首の甲側をくっつけた状態で始ま

り、手首をくっつけていた方の手で、相手の肩をタッチするゲームをします。肩や手の力を抜き、リラックスした状態から集中をしての肩タッチゲームです。

⑥気をつけの姿勢から両手を前に出し、プッシュゲーム（手押し相撲）です。ここは、相手の動きを見ながら集中力を高めて、相手の心を読むという意図のゲームです。

⑦じゃんけんホイ・あっち向いてホイのゲームで楽しい気持ちを作ります。

⑧握手をしたままで、じゃんけんをして勝った方が相手の手の甲をたたき、負けた方はもうひとつの手でカバーをするゲームです。これは、反射神経

と同時に集中力を高める意図で行います。

⑨最後に、チーム全員で手をたたき、大きな声で「ほい・ほい・ほい・ほい」と叫びながら、拍手をどんどん早くし、声（呼吸）もどんどん大きくして、「ほいほーい」と声を合わせると同時に呼吸・気持ちをひとつにしていき、ガーと気持ちがのったところで周りの人たちとハイタッチをして気持ちを盛り上げます。

理想的な心理状態

理想的な心理状態とは、別名で「ゾーン」とか「フロー」または「火事場の馬鹿力《ばかぢから》」などと言います。たとえば、陸上競技・水泳・射撃・アーチェリーなど記録競技でベスト記録を出した時、野球で四打席四安打や投手のノーヒットノーラン・パーフェクト、サッカーのハットトリックなどベストプレーをした時は、ゾーンに入っていると考えられます。ある研究によると、オリンピックの金メダリストの七九％がいつでもゾーンに入ることができるという報告もあります。つまり世界のトップレベルの選手は、いつでもゾーンに入れる心理的テクニックを持っているとも考えられます。そこで、今回紹介しているメンタルトレーニングこそ、ゾーンに入るための準備・トレーニングなのです。つまり、メンタルトレーニングで使用する心理的スキルを毎日の練習や日常生活で「トレーニング・準備・強化」することが重要です。

理想的な心理状態の見つけ方

この理想的な心理状態（ゾーン）を見つけるには、本人の自覚が重要です。それは、他人には、記録や結果、または試合中の表情・態度・言動・プレーでしか判断できないからです。昔から、「無心」「不動心」などと表現されるように、専門用語では「マインドフルネス」の状態なのです。たぶん、ほとんどの選手がゾーンを体験しているはずです。ただ多くの選手は、それを気づかない（自覚できない）ようです。それに気づいた選手の多くは、「ジンクス」や「ゲン担ぎ」をするようになります。あの自分のベストプレーができた時は、何をしたのか思い出し、「赤いパンツをはいていた」「ひげをそらなかった」「とんかつを食べた」など的外れなゲン担ぎなどをします。

筆者がおすすめするのは、毎日の練習日誌を書き、自分がベストプレーをした時のことを書いた練習日誌を見直し、「ベストプレーができた時は、朝何時に起き、その時の気分はどうで、どんな行動をして、朝食は何を食べ、どんな気持ちで家を出て、どのように試合会場に行き、行く途中には何をしてどんな気持ちだったか、会場について何をし、どんな気持ちでどんな行動をして、ウォーミングアップはどのようにして、どのような気持ちだったか、監督の話はどうで、それをどのような気持ちで聞いて、試合の入りはどんなプレーをしてどんな気分だったか、試合中の顔・態度・行動は、どんな集中で、どんなプレーをして、どんな気持ちの切り替えをして、またルーティーンは、いつも通り練習と同じか、どんな結果だったかを記録しておけば、それが再度ゾーンに入るプログラムになります。

そこで、私たちは、リラクセーションとサイキングアップを毎日実施することで、自分の理想的な心理状態（ゾーン）を見つけることを体験してもらい、これを毎日行い、これが自分のゾーンだというものを自覚してもらいます。もし、自分のゾーンを見つけたら、いつでもどこでもゾーンに入れるようにするのが理想です。

試合前・試合中の集中力の高め方、集中力のトレーニング

集中力の究極がゾーンだと考えますので、ゾーンへの入り方が集中力の高め方です。つまり、毎日メンタルトレーニングを実施することが一番の近道です。

あえて、試合前や試合中の集中の仕方をと言われたら、毎日の練習前に実施する「リラクセーションとサイキングアップ」をいつも通りやることです。試合中の集中力の高め方は、どちらかと言えば「気持ちの切り替え」です。

質問　集中力とは何ですか？

読者のみなさんは、「**集中力とはなんですか？**」と質問されて、「何と答えますか？」辞書を引いてみると面白い事実がわかります。筆者が調べた辞書には、「集中」という言葉はあるのに、「集中力」という言葉が載っていないのです。

ただある辞典には「集中するための能力」と書いてあるものもあります。しかし、スポーツにおいては、この「集中」「集中力」は、非常に重要な要因だということは、誰もが理解していると思います。

日本体育協会スポーツ医・科学研究（当時、日本オリンピック委員会を含む）の心理班が、各種目のインターハイや全中のベスト一六に入賞したチームの監督九九八名に調査をしました。その時、**「練習において一番大切な心理的スキルは何ですか？」**という質問で一番多かったのが「集中力」でした。しかし、その後の質問で、「実際に一番重要だと考える集中力のトレーニングはどうしていますか？」という質問から、そのトレーニングの方法がわからないために、自分の経験の中で工夫はしているものの、**具体的なトレーニングは何もしていない**という事実が明確になりました（日本体育協会スポーツ医・科学研究報告

（スポーツ選手のメンタルマネジメントに関する研究）」）。

質問　コーチが「集中して練習するんだ」と言ったら、あなたは何をしますか？

スポーツの現場では、監督達が言葉で「集中して練習するんだ」、「集中力が大事だ」、「気合を入れて練習しろ」などと怒鳴り、選手達には「おまえは集中力がたらん」、「もっと集中しろ」と集中力のなさを**選手の責任**にしていた事実があるのです。つまり、「こうしたら集中力が高まるからこうしなさい、これをやることで集中力が高まるよと、集中力が高まるとこんないいことがあるよ」という**指導がなされていなかった**のです。一部の指導者は、「常に、試合を意識させて、緊張感のある状態で練習させています」と言いながら、実は怒り怒鳴りまくって、違う意味での緊張感の中で集中させていたという事実もありました。そこで、スポーツ心理学の理論から説明すると、かなり複雑で難しい話をしなければならないので、ここでは、簡単に「このような方法が現場ではすぐ使えます」ということを紹介します。

集中力を高める方法1

質問 イチロー選手が何のために「バット回し」をしていたと思いますか？

たとえば、メジャーリーグで活躍したイチロー選手（元シアトル・マリナーズほか）は、ベンチからネクスト・バッターズ・サークルまでいつも同じように歩いて、そこでの動作、打席までの歩き方から打席に入り、バットをぐるりと回す動作までを、**打席で「集中」するために大切な時間、打つための重要な「準備の時間」だという表現**をしています。これは、「プリ・パフォーマンス・ルーティーン（Pre-performance routine）」というプレー前の動作を一定にして、リズム・呼吸・心を安定させる方法です。これは、集中力を高めたり、気持ちを切り替えたり、自分のリズムを取るための心理的テクニックです。

現場では、短く「ルーティーン」という言葉を使いますが、イチロー選手の形（ルーティーン）だけではなく、心の中（考え方や集中力を高めること）をまねしてみることも、効果的だと考えます。またイチロー選手は、毎日の生活の中にもこのルーティーンを導入しているとメディアの中で報道されていました。たとえば、何年もの間、朝食（ブランチ）はカレーライスを食べ、試合の3時間半前までには球場へ入り、毎回同じウォーミングアップをし、試合でのバット回しなどの同じ動作（ルーティーン）をして、試合後はスパイクやグローブを磨きながら反省をし、夜は足のマッサージ機を使いリラックスをするというものです。集中力を高め平常心を保つには、安定した呼吸をすることが重要であり、その安定した呼吸をするために自分の行動を安定（一定に）させるのです。

また、人間は、**自分の普段の行動が習慣化されています**。**その習慣化している動作や行動をうまく利用**して、集中する方法（ルーティーン）もあります。たとえば、腕を組んでください。「右手が上ですか？左手が上ですか？」ここで、逆に腕を組んでください。たぶん、違和感を感じると思います。そこで、もう一度最初のように腕を組み直してください。「こちらの方が、安心しませんか？」これは、自分の生活の中で、いつもやっている習慣化された動作が、自分の心を落ち着け、集中力を高めることに貢献するからです。つまり、自分がいつもやっている動作や行動を「ルーティーン」として使えば、より効果が上がることになります。これがスポーツ選手であれば、良いプレーをした時の動作・行動をうまく利用して、自分の「ルーティーン」にすればより集中力を高めることが可能になるということです。イチロー選手の他には、元ラグビー日本代表の五郎丸《ごろうまる》歩《あゆむ》選手や元大関琴奨菊《ことしょうぎく》の琴バウアーも有名です。

集中力を高める方法2

質問 フォーカルポイントとは、何だと思いますか？

集中力を高めるには、「**フォーカルポイント**」という心理的なテクニックもよく使われます。これは、メジャーリーグで活躍した長谷川滋利《しげとし》投手（元シアトル・マリナーズほか）が活用していたもので、試合場のある一点（場所）を自分で決めて、そこを見ると「集中力が高まる」、「集中力が回復する」、「集中力を高めるための深呼吸を思い出す」など、気持ちを切り替えるきっかけとなる点を見ることです。つまり、集中したり、気持ちを切り替えるための「きっかけ」として、このフォーカルポイントを使うという方法です。この方法は、**目を使った集中力向上の方法**です。

次に、姿勢・態度のトレーニング（**ボディランゲージ・ヘッズアップ**）と言われる胸を張り・上をむいて姿勢や態度を利用する方法があります。たとえば、グランドでやるスポーツなら、胸を張り上を向いて「空を見上げる」という動作でもいいでしょう。体育館であれば、天井にあるどこかのポイントを見ることでもいいと思います。この動作の中には、胸を張り自信がある姿勢や態度をとる、頭を上げ上を向くことで頭の中をプラス思考にする、ついでに深呼吸をして心を落ち着かせ、吐く息に意識を集中して集中力を高める、また「よーし！いくぞー！気合入れていこー！」などと**セルフトーク**（自分で自分に話し掛ける・独り言）をし、声を出すことで気持ちを切り替えたり、気持ちをのせるというメンタル的なテクニックを使っていることが含まれます。このテクニックを使いこなすには、このような動作や考え方が集中力を高め、試合で実力を発揮できるための方法ですよということを理解しておかなければなりませんし、これを**毎日の練習で「集中力のトレーニング」としてその心理的スキルを洗練**させておくことが必要になります。

集中力を高める方法3

質問　リラクセーションとは何でしたか？

前述の通り、毎日の練習前に**リラクセーション**のプログラムをやることが集中力を高める基礎トレーニングとなります。

①音楽に意識を集中
②呼吸に意識を集中
③姿勢に意識を集中
④自分の筋肉に意識を集中
⑤イメージに意識を集中

⑥セルフトーク（独り言）や自己暗示に意識を集中
⑦メディテーション（瞑想・マインドフルネストレーニング）

をすることで意識を集中するというような細かなテクニックがあります。

集中力を高める方法4

質問　サイキングアップとは何でしたか？

リラクセーションプログラムを実施した後に、**サイキングアップ**のプログラムも実施します。ここでは、先ほどのリラクセーションで「静的（静かで落ち着いた）」な状態での集中をしたと考え、**サイキングアップでは**「**動的**（**活発**

に動いている）」な状態での集中をするという考え方です。みなさんも体験していただければ理解していただけると思いますが、静かな環境で目を閉じ身体と心を安静状態にすれば、「静的（静かで落ち着いた）」な状態での集中を感じることができると思います。一方、音楽をかけ身体を動かし、心拍数を高めた状態（スポーツの活動的な試合の状況）では、「動的（活発に動いている）」な状態での集中を感じることができるはずです。たとえば、サイキングアップでは、

①呼吸が乱れているが、自分の動きに意識を集中する
②音楽に身体の動きを合わせてある一定のリズム（行動）に意識を集中する
③ゲームなどの目的とする動きに意識を集中する
④楽しいゲームに意識を集中する
⑤パートナーとの動きに意識を集中する

などを体験することができると思います。人間は、楽しいと感じた時に集中しているはずです。

集中力を高める方法5

質問　あなたは、今やっているスポーツが好きですか？

あなたが、好き・楽しい・面白いという気持ちがある時に、集中力が高まるはずです。例えば、「好きな練習をする時は、真剣になっていませんか？」学校の授業で好きな科目は、成績が良いと思います。その背景には、好きだから勉強する気持ちにもなると考えられます。

質問　毎日の練習が、好きですか？

この質問に「ＹＥＳ」と答えられたら、集中したよい練習をして、あなたはガンガン上達しているはずです。そこには集中して練習をするあなたがいるからです。

気持ちの切り替えも集中力を回復するという意味になります。また気持ちの切り替えは、マイナス思考からプラス思考にするという意味にもなります。

おわりに

　ここまでメンタルトレーニングの具体的な方法を紹介しました。筆者はメンタルトレーニングとは、「実技」だと考えています。つまり、「知っている」のではなく「できる」ということです。こうすれば、リラックスし、集中でき、気持ちが切り替わり、自信を持ち、プラス思考でプレーできる、またイメージトレーニングでうまくいくための準備をしておくことで、「いつも通り」のプレーができるということです。練習でやることと試合でやることは同じです。同じなのに、試合になると違うプレーになり、実力を発揮できない。おかしいですよね？　そこで邪魔になるのが、邪魔になる考え方・自信がない・マイナス思考、迷い・悩み・不安になり、いらないことを考えるということにつながります。

最後に、もう一度、確認してください。心技体のバランスの取れた毎日のトレーニングをしていますか？試合で多くの選手が重要だと考える「心（心理・精神・メンタル面）」の重要性を認識し、心理的スキルやテクニックを毎日の練習や生活に取り入れ、強化・トレーニングをして、習慣化しましょう。

参考文献

- 高妻容一：新版 今すぐ使えるメンタルトレーニング：選手用，ベースボール・マガジン社，東京，2014
- 高妻容一：新版 今すぐ使えるメンタルトレーニング：コーチ用，ベースボール・マガジン社，東京，2014
- 高妻容一：令和版 基礎から学ぶ！メンタルトレーニング，ベースボール・マガジン社，東京，2019
- 高妻容一，弓桁義雄，金屋佑一郎：野球選手のメンタルトレーニング，ベースボール・マガジン社，東京，2008
- 高妻容一，梅嵜英毅，森　億ほか：バスケットボール選手のメンタルトレーニング，ベースボール・マガジン社，東京，2010
- 高妻容一：21時限目　スポーツ心理学 「子どもの主体性を引き出す」ためのスポーツ心理学講義―運動部活動指導で使われる言葉に注目して．部活動学―子どもが主体のよりよいクラブをつくる24の視点（神谷　拓 監修）。ベースボール・マガジン社，東京，2020
- 高妻容一：結果を出す人のこころの習慣，サンマーク出版，東京，2010
- 高妻容一：スポーツ心理学に学ぶ　社会人の実践！メンタルトレーニング，恒文社，東京，2009
- 高妻容一：子どもの本番力を120％引き出す方法―スポーツの試合や発表会・受験に必ず役立つ！　PHPエディターズ・グループ，東京，2012

参考文献

- 高妻容一：格闘技のメンタルトレーニング—科学的に精神力を鍛えて勝つ！　ベースボール・マガジン社, 東京, 2014
- ケン・ラビザ, トム・ヘンソン 著, 高妻容一 監訳：大リーグのメンタルトレーニング, ベースボール・マガジン社, 東京, 1997
- ケン・ラビザ, トム・ヘンソン 著, 高妻容一, 遠藤拓哉 訳：大リーグのメンタルトレーニング第2版, ベースボール・マガジン社, 東京, 2020
- 高妻容一：イラスト版 やさしく学べるメンタルトレーニング入門者用, ベースボール・マガジン社, 東京, 2012

著者略歴

高妻《こうづま》 容一《よういち》

スポーツメンタルトレーニング 名誉指導士

日本メンタルトレーニング・応用スポーツ心理学研究会 代表

■ 略歴

1979年　福岡大学体育学部体育学科卒業

1981年　中京大学大学院体育学研究科修士課程修了

1985年　フロリダ州立大学博士課程運動学習・スポーツ心理学留学

1986年　近畿大学教養部入職（1995年　助教授）

1993年　フロリダ大学研究留学

2000年　近畿大学教養部退職

2000年　東海大学体育学部入職（2006年　教授）

2015年　フロリダ大学研究留学

2021年　東海大学体育学部定年退職

■ 著書

「新版 今すぐ使えるメンタルトレーニング：選手用」

「新版 今すぐ使えるメンタルトレーニング：コーチ用」

〔2014年，ベースボール・マガジン社刊〕など多数

ゾーンに入るためのメンタルトレーニング

定価990円（本体900円＋税10%）

2022年 1 月 5 日　初版発行

著　者　高妻容一

発行者　伊藤一樹

発行所　株式会社　*ヴァンメディカル*

〒101-0051　東京都千代田区神田神保町2-40-7　友輪ビル

TEL 03-5276-6521　FAX 03-5276-6525

振替　00190-2-170643

印刷・製本　広研印刷株式会社

ISBN978-4-86092-145-3　C0075

乱丁・落丁の場合はおとりかえします。